Le 11 regole d'oro

per scrivere

il tuo Curriculum

Vitae

di Alessandro Mancini

Ed.PSK

Sommario

Introduzione

Esistono molti libri che trattano di come compilare un CV in maniera professionale, e molti di essi sono sicuramente validi. Soffrono però di due problemi principali:

1. Contengono fin troppe informazioni, e quindi o non vengono letti interamente, o quando letti interamente tendono a confondere le idee. Somigliano insomma a quei manuali di istruzioni da 100 pagine per utilizzare un nuovo elettrodomestico. Quasi nessuno li legge, e chi li legge diventa matto.

2. Sono scritti per lo più da consulenti dei career service universitari o delle agenzie di headhunting, e quindi di fatto non sono scritti da chi prende veramente la decisione, ma appunto da chi consiglia.

Questo manuale colma queste lacune in due modi:

In primo luogo si focalizza sugli aspetti essenziali, corredandoli di esempi presi dalla realtà. In questa maniera avrai sotto mano informazioni essenziali di facile e rapida consultazione.

In secondo luogo rappresenta l'opinione non di un candidato, o di un consulente, ma quella di un recruiter che, in almeno l'80% dei casi della sua esperienza professionale, ha deciso di un'assunzione in completa autonomia, partendo dal CV per arrivare fino all'intervista e all'eventuale inserimento in azienda. Per questo motivo ti racconterò non la *teoria* di come dovrebbe essere fatto un CV, ma la *pratica* del perché alcune persone vengono chiamate all'intervista di lavoro e moltissime no.

Non gireremo troppo intorno ai problemi, e chiameremo ogni cosa con il suo nome.

Alcune volte i miei giudizi ti appariranno un po' troppo secchi, ma credimi che rappresentano la realtà, o perlomeno la realtà che ho vissuto io in 8 anni che leggo curriculum e faccio selezione.

Ma delle centinaia di CV che leggo ogni anno, pochissimi sono quelli che si differenziano in positivo facendomi decidere di incontrare il candidato per intervistarlo.

Eppure in giro c'è tanta gente in gamba; persone che hanno investito tempo, energie e soldi per ottenere un titolo di studio, imparare una professione, acquisire esperienze e capacità. Ma che purtroppo non sono in grado di comunicare queste cose in maniera efficace.

Un Curriculum Vitae in fondo è come una barzelletta: la trama è importante, ma è molto più importante come la si racconta.

Con questo libro voglio offrire una guida concisa e concreta per creare un CV in grado di trasmettere in maniera efficace le tre informazioni di base che cerca un recruiter: "chi sei", "che cosa cerchi", "che cosa offri".

In particolare se non hai tanta esperienza di lavoro è indispensabile che tu prenda da subito coscienza di una verità tanto ovvia quanto cruda: non importa quanto sei bravo, affidabile, o preparato. Infatti ad essere giudicato non sarai TU, ma il tuo CV. E questa è una differenza tanto sottile quanto importante. Chi legge il tuo CV non ti conosce e non sa nulla di te: deciderà quindi se intervistarti solo sulla base di QUELLO che hai scritto e di COME lo hai scritto.

"Ad essere giudicato non sarai TU,

ma il tuo CV"

Decine di persone con il tuo stesso titolo di studio, le tue stesse capacità, le tue stesse ambizioni, si candidano ogni giorno per gli stessi lavori ai quali ti candidi tu. Perché alcuni vengono chiamati, ma moltissimi no? Perché dovrebbero chiamare te e non un altro?

Se la tua risposta è che il lavoro lo ottengono solo i raccomandati sei sulla strada sbagliata. Il vittimismo e la ricerca di un alibi non ti faranno trovare il lavoro dei tuoi sogni. Certo è vero che alcuni trovano lavoro grazie a una raccomandazione, ma si tratta di una minoranza; le aziende vogliono guadagnare, e per guadagnare cercano di assumere nella maggior parte dei casi persone che sanno fare il loro lavoro, persone in cui *credono.* E perché credano in te per prima cosa gli deve piacere il tuo CV.

"Devi pensare ad un Curriculum Vitae

come ad una barzelletta:

la trama è importante,

ma è molto più importante saperla raccontare"

Se il tuo curriculum è fatto male il responsabile delle risorse umane non avrà tempo di andare a cena con te per conoscerti meglio, né di parlare con i tuoi amici, i tuoi professori o i tuoi colleghi per capire che persona speciale sei. Non ti darà una seconda possibilità.

Si limiterà a leggere le prime 8 righe del tuo CV per poi buttarlo nel cestino della carta straccia e passare al candidato successivo.

Può non sembrarti giusto, ma è cosi.

C'è poi una seconda verità che voglio comunicarti; qualcosa che, nonostante io abbia già diversi anni di esperienza, continua ancora a sorprendermi e a lasciarmi sconcertato: nonostante il CV sia il primo e più importante elemento attraverso il quale si ottiene una intervista di lavoro, quasi nessun candidato gli dedica la necessaria attenzione e il giusto sforzo. Così come quasi nessuna università dedica per lo meno qualche ora ad insegnare a farlo. Se ci pensi è paradossale: la scuola dovrebbe preparare al mondo del lavoro, eppure non dedica neanche un minimo di tempo allo strumento indispensabile per ENTRARE nel mondo del lavoro. E la maggior parte dei candidati compila il curriculum in poche ore basandosi sul "sentito dire" o al più su una breve ricerca di informazioni su internet.

Il risultato di questa mentalità approssimativa ce l'ho davanti tutti i giorni quando apro le mail e scarto uno dopo l'altro CV scadenti sia da un punto di vista della sostanza sia da un punto di vista della forma.

La buona notizia è che se stai leggendo questo libro stai facendo qualcosa che più del 90% di quelli che cercano lavoro non fanno: stai studiando e ti stai preparando per scrivere un CV ben fatto. Questo aumenterà sensibilmente non solo le tue possibilità di trovare un lavoro, ma anche di trovarne uno ben pagato e che ti piaccia veramente.

Ho concepito questo libro soprattutto per coloro che sono alle prime armi: neo-diplomati, neo-laureati, ragazzi e ragazze con pochi anni di esperienza lavorativa. È da questi infatti che ricevo i CV peggiori. Tuttavia, credo che anche chi ha diversi anni di esperienza possa beneficiare dei suggerimenti che troverà. Certo, alcuni gli sembreranno scontati; ma altri gli permetteranno sicuramente di migliorare molto la qualità di ciò che scrive.

Forse non tutti saranno d'accordo con tutto quello che ti racconterò nei prossimi capitoli; d'altro canto nel mondo delle risorse umane se chiedi a cinque esperti otterrai cinque pareri diversi.

Forse il curriculum vitae *perfetto* in fondo non esiste.

Ma se applicherai i miei suggerimenti ti garantisco che sarai in grado di scrivere CV *molto buoni*.

Cominciamo.

Regola numero 1

"Lavori diversi, aziende diverse, CV diversi"

Un curriculum è uguale ad un foglietto pubblicitario che deve vendere un prodotto molto particolare, te stesso. Ora, tutti sanno che più una pubblicità è specifica, cioè tagliata su misura per un particolare "acquirente", più è efficace. Il CV non sfugge a questa regola.

La strategia che la maggior parte dei candidati utilizza è invece scrivere un curriculum generico per poi inviarlo al maggior numero di aziende possibili. Certo è molto comodo, ma è anche molto sbagliato. È come se per sposarti tu mettessi un annuncio di tre righe su un giornale nazionale e poi accettassi la prima proposta che ricevi. Anche ammesso di riceverne una, non potreste che fare entrambi un pessimo affare.

Capisco che l'ansia o la necessità di trovare/cambiare un lavoro possano indurti a pensare che sparare nel mucchio sia la strategia giusta, ma in realtà è quella con le minori possibilità di riuscita.

Per massimizzare le tue possibilità di essere chiamato a una intervista il tuo CV deve parlare direttamente e singolarmente a ciascuna azienda alla quale sottoponi la tua candidatura. Questo significa quindi che non farai un unico CV da inviare a tutte, ma ne avrai uno specifico per ogni candidatura a cui ti sottoponi. È chiaro che certi elementi strutturali di base saranno comuni, ma tutti gli altri dovranno invece cambiare a seconda dell'azienda e del lavoro target.

Un CV generico si limita a dire a tutti la stessa cosa: " ho fatto questo, e questo, e quest'altro".

Un CV specifico dice invece a ciascuno: "tutto quello che ho fatto mi rende l'uomo giusto per il lavoro che cercate"

Facciamo un esempio preso da un caso reale.

Il capo di un'azienda che vende prodotti di controllo di gestione posta su Monster (un sito di annunci di lavoro che dovresti conoscere) il seguente annuncio:

" Cercasi ingegnere gestionale con 2-3 anni di esperienza lavorativa da inserire come sales manager per sistemi ERP, sede di lavoro Roma"

Risponde Massimo XXX, ingegnere gestionale, che alla voce esperienze lavorative scrive:

> Luglio 2011 - Aprile 2013: impiegato a tempo determinato presso piccolo studio di progettazione impianti di riscaldamento (4 persone), nel quale ho acquisito capacità avanzate di disegno tecnico CAD e calcolo carichi termici.

Ora, visto il tipo di figura cercata, cosa gliene frega al titolare dell'azienda che Massimo XXX sappia disegnare a CAD e dimensionare un impianto termico? Massimo avrebbe potuto serenamente evitare di mandare il CV, risparmiandosi fra l'altro la frustrazione di non ottenere alcuna risposta.

O avrebbe anche potuto rigirare la frittata così:

> Luglio 2011 – Aprile 2013: impiegato a tempo determinato presso studio di progettazione impianti. Lavorando a stretto contatto col titolare ho potuto toccare con mano le problematiche di gestione del ciclo documentale dello studio, e ho sviluppato un piano costi/benefici per l'implementazione di un sistema ERP di controllo aziendale.

Vediamo come e perché la seconda versione è diversa dalla prima:

- ✓ il disegno CAD e i calcoli termici sono spariti. Menzionarli non solo non aggiungeva niente, ma era dannoso. Chi legge il CV presume infatti che se qualcuno ha acquisito una capacità vorrà poi usarla. E quindi può pensare che Massimo XXX appena potrà tornerà a disegnare in CAD in uno studio di ingegneria.

- ✓ è stato rimosso l'aggettivo "piccolo". In questa maniera il fatto che Massimo abbia lavorato a stretto contatto col titolare acquista maggiore importanza.

- ✓ è stato creato il link con la posizione offerta, menzionando la conoscenza di Massimo delle "problematiche specifiche di gestione del ciclo" e il suo interesse per la cosa testimoniato dallo sviluppo del piano "costi/benefici per l'implementazione", che tra l'altro è un tipico strumento con il quale si promuove la vendita dei sistemi ERP (e la società sta appunto cercando un sales manager).

- ✓ è stata creata curiosità in chi legge il CV, di nuovo grazie allo sviluppo del piano "costi/benefici", che sicuramente gli verrà richiesto in caso di successiva intervista di lavoro.

Mentre con la prima versione il CV sarebbe stato accantonato senza neanche essere letto fino in fondo, nella seconda versione le chance di Massimo sono notevolmente migliorate, e probabilmente il potenziale datore di lavoro continuerà a leggere il CV fino alla fine.

"Tutto quello che ho fatto mi rende
la persona giusta per il lavoro che cercate"

Nota bene che Massimo nella seconda versione non ha affatto mentito: essendo lo studio di ingegneria piccolo non può che avere veramente lavorato a stretto contatto col titolare, e anche toccato con mano i problemi di gestione documentale dello studio. Quanto al "piano costi benefici" sviluppato, il suo background di ingegnere gestionale gli permetterà di abbozzarlo velocemente in un paio di giornate (se ancora non l'ha fatto).

Naturalmente se Massimo dovesse inviare il CV a uno studio di progettazione impianti lo farebbe nella versione 1, dove invece sono enfatizzate le capacità tecniche che ha acquisito.

Ogni azienda e ogni lavoro richiedono dunque una rielaborazione *a tutti livelli* del CV per renderlo specifico e fargli gridare "sono io quello giusto per voi".

Se per esempio Massimo alla voce "altri interessi" volesse menzionare la sua passione per il calcio, potrebbe scrivere, a seconda della posizione per la quale si candida:

→ versione 1 (ingegnere che disegna, progetta e calcola): da sempre (quest'avverbio suggerisce che Massimo è un tipo perseverante e serio anche nelle sue passioni) sono appassionato di calcio. Mi affascina l'idea che ci possa essere tanta fantasia anche dentro alle geometrie e agli schemi del gioco (questo suggerisce l'idea del perfetto ingegnere, funzionale ma anche creativo)

→ versione 2 (venditore): mi piace il calcio; in particolare guardare le partite della mia squadra seduto con gli amici al bancone del mio bar preferito (suggerisce la capacità sociale di Massimo), mentre commentiamo tutti insieme le ultime novità del calciomercato (questo suggerisce l'idea dell'attenzione per la dimensione "business" delle cose, indispensabile in un sales manager).

In sostanza invece di scrivere un unico CV da mandare a tutti dovrai investire il tuo tempo nelle seguenti attività:

- ✓ selezionare offerte di lavoro il più possibile in linea con il tuo profilo

- ✓ analizzare bene la posizione ricercata, cercando di capire e definire che tipo di lavoro ti si richiederà di fare

- ✓ analizzare l'azienda che offre la posizione visitandone la pagina web e ricercando tutte le notizie possibili

- ✓ orientare ogni aspetto del tuo CV per renderlo congruo con il lavoro che dovrai fare

- ✓ orientare ogni aspetto del tuo CV per renderlo in linea con la mission e la vision dell'azienda che sta offendo il lavoro

✓ minimizzare, tralasciare o rimuovere qualunque aspetto del tuo CV che non soddisfi i due criteri predenti

Per capire cosa intendo con l'ultimo punto, torniamo a Massimo: con l'esempio della sua passione per il calcio ti ho mostrato come potrebbe presentarla in maniera tale da renderla congrua con la posizione cercata. Un'opzione alternativa avrebbe potuto essere semplicemente non considerarla attinente con la proposta di lavoro, ed ometterla dal CV. Considera che questa scelta (la rimozione) è spesso la migliore, soprattutto nell'ambito del capitolo "Hobby e altri interessi". Ma vedremo in seguito come trattare al meglio questa particolare parte del CV che nella mia esperienza è la peggio gestita dai candidati.

Se per ogni offerta di lavoro che selezioni farai il tuo compito seguendo i punti che abbiamo visto prima, ti renderai conto che trovare un lavoro diventerà un vero e proprio lavoro, perché la ricerca di notizie e la riscrittura continua del CV ti impegneranno diverse ore della giornata. Questo ha degli effetti positivi che vanno anche al di là del fatto che manderai CV personalizzati e focalizzati:

In primo luogo ti renderai conto che stai cercando attivamente un lavoro, e non proverai la frustrazione di chi si limita a scrivere un unico CV, a mandarlo in giro, e ad aspettare con le mani in mano una risposta.

In secondo luogo rigirare frittate diventerà per te una seconda natura, e questo ti sarà molto utile nel caso di domande scomode e difficili durante l'intervista di lavoro.

Regola numero 2

"Utilizza power and action verb"

Per rendere un curriculum più incisivo e catturare l'attenzione di chi lo legge devi evitare i verbi generici e statici, ed utilizzare invece i verbi di azione e potere (come li chiamano gli inglesi).

L'idea è quella di trasmettere in maniera esatta al lettore quello che hai fatto, quello che sai fare, e quindi quello che potrai fare per lui se ti assume.

Facciamo un esempio: scrivere "sono stato responsabile dei rapporti con i clienti per l'area Nord" non è come scrivere "ho gestito il portafoglio clienti dell'area Nord incrementando gli ordinativi del 25% in sei mesi".

Una locuzione come "sono stato responsabile dei ..." vuol dire tutto e niente e dà una immagine statica del tuo lavoro.

Scrivere invece "ho gestito ... incrementando ..." suggerisce una azione attiva e continuativa, che ha portato a dei risultati concreti.

Anche verbi come "sperare", "cercare", "collaborare", "assistere", "coadiuvare", "coordinare" sono assolutamente da bandire in quanto noiosi, esitanti e generici.

Non devi scrivere per esempio "ho *coadiuvato* il responsabile acquisti nelle sue funzioni". Cosa facevi? Gli portavi la borsa del PC quando andavate alle fiere?

Scrivi invece per esempio "**preparavo** i quadri comparativi delle offerte dei fornitori e **negoziavo** i termini di pagamento", o qualunque altra cosa tu abbia veramente FATTO.

Frasi come "ho *cercato* di implementare un sistema di reporting", oppure "ho *collaborato* con il responsabile del marketing assistendolo nelle sue funzioni" sono perdenti in partenza. Scrivi invece frasi come "ho **creato** una nuova modulistica per il reporting aziendale, che ho poi **testato** con alcune figure chiave aziendali", e "ho **scritto** parte dei testi della nuova brochure e **modificato** l'interfaccia web del nostro portale di vendita", o qualunque altra cosa tu abbia veramente FATTO.

Per esperienza ti dico che curare questo aspetto è una delle parti più difficili di un buon CV, anche perché, come visto nel punto precedente, bisogna trovare i giusti verbi per ogni diversa posizione lavorativa. La differenza fra verbi di potere/azione e verbi deboli/statici può apparirti in un primo momento sottile e difficile da apprezzare. Una volta che però tu abbia riscritto il tuo CV secondo questa regola, ti renderai conto di come suona nel complesso più autorevole, chiaro e professionale.

Attento poi a non utilizzare scorciatoie. Alcuni infatti cercano di cavarsela utilizzando verbi di potere passepartout come "gestire", "monitorare", "implementare". Vedo dei CV per esempio dove il candidato ha gestito e implementato un po' tutto, e ripete questi verbi 5-10 volte. Questo non va bene, perché mette sullo stesso piano tutte le attività svolte rendendo il verbo generico, da specifico che era.

Dovrai quindi spremerti le meningi per trovare dei sinonimi, o per particolareggiare meglio che cosa ha significato "gestire" o "implementare" le varie attività che descrivi. Come regola generale, non usare mai un verbo passepartout più di due volte in uno stesso CV.

Di seguito ti fornisco una lista dei più comuni power/action verb, perché tu possa avere una fonte da cui pescare idee. Li ho divisi per aree secondo le linee guida di alcune università americane, tuttavia la distinzione fra le aree non deve essere intesa in senso rigido, e molti verbi si possono riferire a più di un'area.

Area della pianificazione

Pianificare, commissionare, sviluppare, disegnare, ideare, determinare, calcolare, formulare, preparare, customizzare, identificare, prevedere, programmare, analizzare.

Area dell'organizzazione

Acquisire, attivare, allocare, assegnare, autorizzare, catalogare, classificare, contrattare, delegare, stabilire, implementare, facilitare, ospitare, istituire, ottenere, ordinare, organizzare, procurare, assumere, ratificare, selezionare, suggerire, tracciare, monitorare.

Area dell'esecuzione

Agire, gestire, risolvere, completare, condurre, mostrare, distribuire, entrare, penetrare, esercitare, installare, propagandare, performare, processare, produrre, provare, inviare, vendere, immagazzinare, negoziare, contrattare, prospettare, lanciare.

Area della leadership

Accelerare, causare, condurre, dirigere, validare, presiedere, eleggere, incoraggiare, fondare, stabilire, guidare, influenzare, ispirare, coinvolgere, motivare, promuovere, originare, crescere, stimolare, rafforzare, trasformare, visualizzare, proibire.

L'utilizzi di power/action verb renderà il tuo CV più incisivo, comunicando quasi visivamente al lettore sia quello che hai fatto sia quello che potrai fare.

Regola numero 3

"Evita frasi fatte e luoghi comuni"

Qualche anno fa (ormai sono più di 15) divenne di moda il "management per obiettivi"; da allora cominciarono ad entrare nei CV locuzioni come "mi piace lavorare per obiettivi", o "sono orientato agli obiettivi". Fu poi il turno della valorizzazione del lavoro di gruppo, e alcuni cominciarono a scrivere "disponibilità a lavorare in team" e "ottimo team builder". Il mondo si fece poi global, e tanti ritennero opportuno mettersi al passo coi tempi segnalando nel CV la loro "apertura culturale" o il loro essere "esperti nella gestione di gruppi multiculturali". Locuzioni poi come "capacità di problem solving" e "leadership" non sono mai passate di moda, e spuntano nel 95% dei CV che leggo.

Se all'inizio queste cose potevano dare un certo interesse al tuo CV, ormai sono diventate talmente comuni che te le devi dimenticare. Cancellale, rimuovile, non utilizzarle mai più.

Mi capita di leggere molti CV che esordiscono più o meno così:

"Sono un ingegnere di 30 anni con capacità di leadership e grande attitudine al problem solving. Mi piace lavorare in team, soprattutto se composto da persone di diverse culture. Raggiungere gli obiettivi affidatimi è la mia prima preoccupazione".

"Sono diventate talmente comuni che te le devi dimenticare.

Cancellale, rimuovile, non utilizzarle mai più."

Di fatto ho letto queste frasi così tante volte che immediatamente mi annoiano e quasi cestino il CV. Cerca di capire il problema: se una cosa la scrivono tutti diventa un luogo comune e dimostra mancanza di originalità. Se scrivi cose di questo tipo verrai assimilato alla massa e sembrerai un pappagallino. Si tratta infatti di qualità che ormai si danno per scontate, e puntualizzarle è inutile. Nessuno infatti scriverebbe:

"Sono un ingegnere di 30 anni con scarse capacità di leadership e nessuna attitudine al problem solving. Non mi piace lavorare in team, in particolare poi se gli altri componenti sono di culture diverse dalla mia. Raggiungere gli obiettivi affidatimi mi interessa poco".

A meno che non sia un gran burlone.

Quindi scrivere queste cose è inutile e probabilmente dannoso.

Questo non significa che attitudini come il problem solving, la leadership o l'apertura culturale non vengano valorizzate. Al contrario, sono molto importanti. Il punto è che il tuo CV non deve *dire* che ce le hai, ma deve *dimostrarlo*.

Vediamo come:

invece di scrivere " ho grandi capacità di leadership e sono orientato agli obiettivi" scrivi per esempio "ho **selezionato** e **formato** un **mio** gruppo di 3 **collaboratori**, con il quale in **6 mesi** abbiamo incrementato le vendite del prodotto X del **38%**". Nella seconda frase emergono sia la leadership (attraverso i verbi e gli aggettivi che ti ho evidenziato in neretto), sia l'orientamento agli obiettivi (di cui vengono fornite le misure, per renderli ancora più specifici). *Nota bene: ho evidenziato le parole in neretto solo a scopo didattico, per fartele notare; in generale in un CV solo i titoli vanno in neretto.

Questo può essere più difficile se la tua esperienza è limitata. Ma è sempre comunque possibile. Se per esempio l'unico lavoro che hai fatto è il barista in una discoteca ai tempi dell'università, potrai scrivere "Durante gli studi ho lavorato come barista in una discoteca (è implicito il fatto che cerchi di essere indipendente e hai iniziativa). È stata un'esperienza altamente formativa, nella quale ho imparato che lavorare con il pubblico può essere stressante, ma anche gratificante da un punto di vista umano (è implicito il fatto che hai acquisito apertura mentale e grande pazienza interfacciandoti con migliaia di clienti); la gestione della coda davanti al bancone nelle ore di punta era possibile grazie al grande affiatamento creatosi con i miei colleghi (è implicita la capacità di stare in gruppo e collaborare anche sotto pressione)".

La tendenza a utilizzare questi luoghi comuni diventa poi particolarmente dannosa quando il tuo CV racconta nei fatti tutt'altro.

"il tuo CV non deve dire chi sei, deve dimostrarlo"

Mi capita di leggere CV in cui il candidato si definisce "estremamente determinato", e poi nella parte relativa agli studi vedo che ci ha messo 9 anni a laurearsi. O frasi come "amo confrontarmi con culture diverse dalla mia" scritte da persone che vantano come unica esperienza all'estero un paio di settimane a Londra quando avevano 16 anni.

Anche definirsi "amichevole", "altruista", "testardo", "gran lavoratore" o qualunque altra cosa ti venga in mente, non farà che farti suonare un po' sempliciotto agli occhi di chi legge il tuo CV. Come un adolescente che cerca di mettersi in buona luce con gli amici.

Un CV deve raccontare la tua storia, non deve essere una raccolta di tue opinioni su te stesso.

Come si dice nella Bibbia, "verrete giudicati per le vostre azioni". Non da quello che dite di voi stessi. J

Regola numero 4

"Entra nei dettagli"

Questa è una estensione della regola numero 2. Avevamo visto che i verbi devono essere specifici. Bene, lo deve essere anche il resto. I dettagli spiegano, quantificano e creano interesse. Usali senza ritegno.

Vediamo un cattivo esempio di CV:

2008-2013: responsabile della logistica per le spedizioni via mare di azienda multinazionale. Coordinavo team di 3 persone.

Vediamo come un candidato che ho poi intervistato descrive la cosa in maniera più interessante:

"2008-2013: gestione completa (equivalente a responsabile, ma più incisivo) delle spedizioni via container verso l'area del mediterraneo ("area del mediterraneo" comprende molti paesi, e suggerisce la tua interculturalità e la "multi nazionalità" dell'azienda per cui hai lavorato).

Questo ruolo implicava:

✓ preparazione delle packing list e delle proforma invoice da trasmettere alla societá di shipping e al cliente (nota l'utilizzo di terminologia tecnica, che immediatamente suggerisce professionalità. Ha usato l'inglese, ma anche l'italiano andava bene, forse anche meglio)

✓ verifica che la consegna dei materiali nei nostri magazzini fosse compatibile con le date previste di spedizione (mostri che eri in controllo totale del processo)

✓ negoziazione dei prezzi e delle modalità di intervento con il nostro fornitore degli imballi (menzioni uno skill, la negoziazione, che può essere utile anche fuori dall'ambito professionale della logistica)

Nelle mie funzioni ero aiutato da due assistenti junior (rafforzi l'idea che eri un responsabile di funzione)

Gestire (power verb; è un passepartout e quindi è la seconda e ultima volta che lo usi) dei ragazzi giovani e inesperti non era semplice, ma avevano voglia di imparare e mi ha molto gratificato potergli trasmettere la mia esperienza (suggerisci non solo grande professionalità, ma anche leadership e attitudine a trasmettere le tue capacità ad un gruppo)"

Ora, pensaci su. Sono descritte più o meno esattamente le cose che deve fare un responsabile della logistica delle spedizioni per un'azienda internazionale. Ma il CV suona tremendamente meglio che nella prima frase, che appunto si limitava a dire: responsabile della logistica per le spedizioni via mare di azienda multinazionale. Coordinavo team di 3 persone.

Se dovessi trovare un difetto al CV di cui sopra, probabilmente sta nella locuzione "questo ruolo implicava". Avrebbe potuto semplicemente elencare le attività senza introdurle con la locuzione in questione. Tuttavia nel complesso è molto ben fatto.

"Utilizza i dettagli senza ritegno"

La capacità di dettagliare le tue esperienze richiede organizzazione mentale, creatività di scrittura, potere di sintesi, e la disponibilità a fare uno sforzo in più. Tutte qualità molto apprezzate in ambito lavorativo e che emergono chiaramente dalla frase vista prima.

Dettagliare le tue esperienze ti dà infine un vantaggio in più:

✓ se invii il CV a una grande azienda, la prima scrematura verrà fatta dal responsabile delle risorse umane. Il responsabile delle risorse umane in quanto tale non avrà la più pallida idea di quello di cui stai parlando, e quindi i dettagli e la terminologia tecnica lo metteranno in soggezione, facendoti apparire anche più esperto e professionale di quello che sei.

✓ se invii il CV a una piccola azienda, è probabile che lo legga direttamente il titolare o colui che sarà il tuo diretto responsabile. La presenza di dettagli e termini tecnici gli farà dire "ecco finalmente un ragazzo che sa il fatto suo e che parla la nostra stessa lingua".

Regola numero 5

"Meglio qualcosa in meno che qualcosa in più"

Secondo i dati raccolti intervistando centinaia di responsabili delle risorse umane, il CV ideale è lungo:

Al massimo 2 pagine per i neolaureati e i profili junior (2 -3 anni di esperienza lavorativa).

Al massimo 4 pagine per gli executive, coloro che cioè vantano diversi anni di lavoro in posizioni di responsabilità.

Anche solo prendere in mano un CV che superi questi limiti pare provochi una reazione di stizza e noia in chi lo dovrebbe leggere. E quindi non è la maniera migliore di cominciare. Pertanto devi fare due azioni fondamentale:

- ✓ selezionare le informazioni che vuoi trasmettere, scartandone il più possibile

- ✓ sintetizzare al massimo le informazioni che decidi di mantenere all'interno del tuo CV

E devi fare queste due azioni senza dimenticare nessuna delle regole viste finora (in particolare quella relativa ai dettagli), né delle regole che vedremo in seguito. È chiaro che non è semplice. Per farlo devi superare un pregiudizio che tutti noi abbiamo, e secondo il quale "di più è meglio". La maggior parte dei canditati aggiunge e aggiunge informazioni, una dopo l'altra, sperando di ottenere un effetto di "massa critica delle qualità e capacità" che convinca chi legge il CV. Non c'è niente di più sbagliato.

Pensa a due persone che si incontrano per la prima volta: normalmente l'attrazione scatta per uno, due, al massimo tre particolari. Può essere lo sguardo, i capelli, la maniera di vestire, la voce, il fisico, la maniera di presentarsi, il sorriso ... non più comunque di due o tre cose. Dopo il primo incontro ci sarà poi l'occasione di approfondire la conoscenza, consolidando l'attrazione oppure lasciandosi per il diminuire dell'interesse. Io vivo con mia moglie da 6 anni, e ho imparato a conoscere ed amare ogni aspetto di lei: mi piace fisicamente, ha dei bei capelli, è socievole e gentile, sa cucinare bene, ama gli animali, si occupa di me, fa volontariato. Quando l'ho conosciuta però mi hanno colpito soprattutto i suoi begli occhi, ed è per quello che l'ho invitata ad uscire per la prima volta insieme. La stessa cosa capita con un Curriculum Vitae: uno o due particolari attirano l'attenzione di chi lo legge, e così il candidato viene chiamato per l'intervista. A quel punto c'è una occasione per approfondire ulteriormente la conoscenza reciproca, e poi forse quest'occasione porterà all'inizio di una relazione di lavoro durante la quale i due "amanti" avranno ulteriore tempo per conoscersi e decidere se "mettere su casa insieme"; fermo restando che anche allora non è detto che sia per sempre.

E così anche in un CV non c'è assolutamente bisogno di raccontare tutto di te; devi invece trovare quei due o tre punti di forza che possano far scattare la scintilla in chi lo legge. E in fondo hai un vantaggio, perché se hai fatto bene i compiti (vedi regola numero 1) sai esattamente CHI ti sta cercando e PERCHE' ti sta cercando. Hai analizzato le caratteristiche dell'offerta di lavoro, hai studiato la mission e la vision dell'azienda, conosci il suo settore, i suoi concorrenti, i suoi valori, i suoi punti di forza e le sue debolezze. Magari hai anche scoperto chi è il responsabile delle risorse umane ed hai letto il suo profilo su linkedin. Sei insomma in grado di individuare quali sono, fra le tue qualità e capacità, quelle 2 o 3 che possano renderti prezioso agli occhi di chi legge il CV. Allora tutte le altre puoi tranquillamente evitare di scriverle, in quanto potrebbero invece rilevarsi controproducenti: o perché allungano troppo il tuo CV, o perché potrebbero essere sgradite, o perché comunque distolgono l'attenzione dai tuoi veri punti di forza.

"Trova i due o tre punti di forza che possono far scattare la scintilla"

Ti faccio un esempio: una cosa che ancora non ha smesso di sorprendermi è che tutti quelli che hanno la patente per guidare il camion lo scrivono fieri sul loro CV, indipendentemente da quale sia la posizione richiesta. Ora, vedere un candidato per un posto da analista finanziario che scrive che ha la patente C per i camion mi fa dubitare della sua intelligenza. Infatti non posso che chiedermi cosa me lo scrive a fare. Naturalmente se stessi cercando un camionista la cosa avrebbe invece una rilevanza enorme.

L'indicazione della squadra del cuore, le attività di volontariato, gli scout, l'azione cattolica, la passione per le arti marziali, l'amore per i viaggi, sono tutte cose da menzionare solo ed esclusivamente se hanno una certa rilevanza rispetto al profilo richiesto e all'azienda in cui si vuole entrare. Diversamente, non saranno che rumore di fondo e potranno anche confondere o infastidire chi legge il CV.

Anche le attività lavorative non sono necessariamente tutte da approfondire.

Mettiamo che rispondi a un'offerta di lavoro per una mensa scolastica, e fra le tue esperienze hai lavorato come cuoco in un ristorante e bagnino in una spiaggia. Molto bene approfondirle entrambe, perché entrambe saranno utili: come cuoco conosci già il lavoro specifico per il quale ti candidi; e come bagnino conosci le nozioni di primo soccorso, un asset sicuramente molto valorizzato da chi gestisce una mensa piena di bambini.

Mettiamo invece che l'offerta sia per fare l'istruttore di nuoto in una piscina. Sarà meglio non insistere molto sulla tua esperienza come cuoco, o chi legge il CV avrà paura ad assumerti, temendo che appena potrai lo abbandonerai per tornare a fare il cuoco.

In generale se hai più di una esperienza lavorativa dovrai approfondire e valorizzare solo quella più attinente alla professione richiesta, ed utilizzerai le altre solo come contorno, secondo le modalità indicate nella regola numero 1. Chi legge il tuo CV deve pensare che sei motivato a fare quel lavoro, e non altri.

Se hai tanta esperienza, dilungati solo sui lavori che hai fatto negli ultimi anni. Il fatto che 15 anni fa hai fatto il magazziniere ha poca rilevanza se ora fai il giardiniere e cerchi lavoro come tale. Quindi limitati a menzionarlo in una sola riga, giusto per far sapere che anche in quel periodo un lavoro ce lo avevi.

Per i titoli di studio vale la stessa regola; in particolare per esempio se sei laureato parla soprattutto della tua laurea, e liquida invece i tuoi studi per il diploma con una riga, a meno che tu non li abbia completati con il massimo dei voti o abbia vinto premi particolari. Se sei un ingegnere nucleare il tuo diploma da elettrotecnico non aggiunge nulla al tuo CV.

Per la conoscenza delle lingue, scrivere che parli inglese e spagnolo a livello scolastico è peggio che non scrivere niente. Nessuno studia due lingue male, e quindi chi legge il CV capirà che:

a) Dopo le superiori non hai investito neanche un'ora del tuo tempo a studiare inglese, diversamente lo sapresti a livello almeno intermedio.

b) Sei stato in vacanza in Spagna e ti sei convinto che aggiungendo la S in fondo alle parole parli più o meno spagnolo

A parte gli scherzi, se non puoi scrivere nel tuo CV che parli inglese almeno a livello intermedio, mentre mandi i CV mettiti a studiare inglese come un pazzo. Se non hai soldi per pagarti un corso, cosa possibile soprattutto se sei disoccupato, utilizza internet: è pieno di risorse gratuite. Il problema di non sapere l'inglese è più che strettamente "lavorativo"; ci sono infatti tante aziende in cui l'inglese non serve. Il problema è ideologico: se non hai un inglese almeno decente penseranno come minimo che sei pigro e decisamente fuori dal mondo.

In sostanza: taglia, taglia, e poi taglia ancora tutto quello che non è necessario. Solo così il tuo CV potrà alla fine apparire professionale, chiaro, e conciso, senza provocare reazioni allergiche in chi lo prende in mano per leggerlo.

Regola numero 6

"Non esagerare. Però osa in maniera proporzionale alla difficoltà"

Torniamo per un attimo a Massimo XXX e alla sua passione per il calcio. Ecco come ne parlava in una delle due versioni che ti ho proposto:

> "Mi piace il calcio; in particolare guardare le partite della mia squadra seduto con gli amici al bancone del mio bar preferito (suggerisce la capacità sociale di Massimo), mentre commentiamo tutti insieme le ultime novità del calciomercato (questo suggerisce l'idea dell'attenzione per la dimensione "business" delle cose, indispensabile in un sales manager)".

Come recruiter la giudico allo stesso tempo interessante ma anche un po' eccessiva. Potrebbe spingermi sia in senso positivo che in senso negativo. Se tu fossi Massimo, la inseriresti o no?

Per decidere, devi fare una valutazione oggettiva di quanto è forte la tua candidatura rispetto al posto di lavoro per il quale ti proponi. Se è molto forte (la tua età, i tuoi studi, le tue esperienze, le lingue che parli sono in perfetta linea con il posto di lavoro) ti converrà essere prudente: una frase in più mal detta, o anche detta bene ma male interpretata, potrebbe non farti avere un colloquio che diversamente sarebbe stato alla tua portata.

Se invece la tua candidatura è un po' debole perché non in linea in una o più delle aree di cui sopra (età, studi, esperienza, lingue) dovrai osare di più per metterti al pari di altri candidati: dal momento che il tuo profilo non corrisponde alla posizione per la quale ti candidi dovrai cercare di attirare l'attenzione del recruiter con altri elementi.

Rileggiamo il testo dell'offerta di lavoro a cui risponde Massimo:

"Cercasi ingegnere gestionale con 2-3 anni di esperienza lavorativa da inserire come sales manager per sistemi ERP, sede di lavoro Roma".

Sappiamo dal suo CV che Massimo non ha mai lavorato come sales manager, e quindi la sua candidatura è intrinsecamente debole. Massimo quindi deve osare, e non farsi alcun problema ad inserire nel CV elementi che se da una parte possono disturbare alcuni, dall'altra possono far "innamorare" di lui altri.

"Se la tua candidatura è debole, dovrai osare"

Se invece Massimo, che come sappiamo è un ingegnere esperto in progettazione termo idraulica in CAD, avesse risposto all'offerta di lavoro di uno studio di progettazione termo idraulica, avrebbe fatto meglio ad essere più prudente: esagerando, avrebbe avuto più da perdere che da guadagnare.

Una esemplificazione del concetto si trova nel film di Muccino "La ricerca della Felicità", con Will Smith. Il protagonista è un senza casa con figlio a carico, che riesce a farsi assumere in prova da una società di brokeraggio di borsa risolvendo il cubo di Rubik davanti ad uno dei partner della società stessa, su un taxi in cui si è intrufolato quasi a forza. Ora, questo è decisamente un esempio di osare in proporzione alle difficoltà. E se pensi che sia una cavolata, ti comunico che il film è tratto da una storia vera, e che quell'entrata nel taxi portò il protagonista a diventare in alcuni anni milionario.

Regola Numero 7

"Individua e gestisci i problemi del tuo CV"

Alcune persone completano la scuola in tempi brevissimi e col massimo dei voti. Frattanto imparano tre lingue straniere, come smontare e rimontare un PC dall'A alla Z e come programmare in Linux un paio di application di successo per l'ecosistema Android. Vincono premi, fanno volontariato, e trovano lavori ben pagati e di responsabilità uno dopo l'altro, senza mai essere stati con le mani in mano neanche un giorno della loro vita.

Fortunatamente sono pochissime, e non è detto che sappiano scrivere un curriculum vitae ben fatto.

Se sei, come me del resto, una persona più o meno normale, il tuo CV ha sicuramente alcuni problemi che purtroppo emergeranno.

Se quando avevi 18 anni sei stato arrestato per ubriachezza molesta non è certo necessario che tu lo scriva nel tuo CV, ed è probabile che riuscirai a far passare la cosa inosservata. Tuttavia ci sono alcune aree delle quali devi obbligatoriamente parlare, e quindi eventuali "peccati originali" rischiano di emergere nella maniera sbagliata, e danneggiarti.

In particolare parlo delle aree "studi", "esperienze lavorative", "lingue straniere".

Nell'area studi i problemi principali sono voti bassi e tempi biblici per terminare la scuola. Il primo caso è il più semplice: ho già detto che a meno che tu non abbia ottenuto voti molto alti, tanto vale non indicarli. Il recruiter noterà la cosa, ma non saprà quanto bassi sono stati i voti. Nel corso dell'intervista potrà eventualmente chiedertelo, ma diciamo che arrivati a quel punto non sarà poi così importante.

Tutti noi abbiamo avuto compagni tanto scarsi a scuola quanto di successo nella vita, e viceversa; quindi tendiamo ad assegnare ai voti un'importanza minore che ad altre aree. È chiaro però che chi ha una bella laurea con 110 e lode parte avvantaggiato rispetto ad altri candidati, quindi se stai ancora studiando non sottovalutare la cosa.

Peggio di un voto basso è invece essersi diplomati/laureati con tempi biblici. In questo caso sarà opportuno menzionare e specificare eventuali attività extrascolastiche che hanno condizionato la tua scarsa performance: se sei stato uno studente-lavoratore, ottimo! Il recruiter ne sarà molto favorevolmente impressionato.

Meno efficaci ma comunque accettabili sono lunghi soggiorni all'estero per imparare le lingue, o anni sabbatici per visitare il mondo, in particolare se finanziati da te e non da papà e mamma ("nel corso degli anni dell'università ho sospeso gli studi per fare il giro del mondo. Ho viaggiato con ogni mezzo e in ogni luogo. Per finanziarmi ho fatto di tutto: dal mozzo al venditore di cravatte porta a porta ....").

Anche l'essere stato impegnato in attività sportive a livello agonistico può far apparire un po' meglio la situazione, e devi avere cura di specificarlo. Così come l'aver cambiato corso di studi, in particolare se hai comunque sostenuto con profitto qualche esame anche nel corso di studi che hai abbandonato. Scrivi per esempio "Anno 200X: iscritto alla facoltà di giurisprudenza, nella quale ho sostenuto l'esame di diritto privato con votazione XZ. Anno 200Z: sono passato all'università di economia e commercio, essendomi reso conto che meglio andava incontro alle mie aspettative e passioni".

Qualunque altra attività formativa concomitante al corso di studi principale (come corsi di informatica, di lingue o di negoziazione) possono aiutarti a stemperare l'effetto negativo di un CV di studi scarso (evita però quelli che possono suonare ridicoli o strani ai più, come il corso di Kamasutra con il tuo fidanzato).

"Tutti noi abbiamo avuto compagni tanto scarsi a scuola quanto di successo nella vita"

Se invece non puoi giustificare adeguatamente il tuo scarso rendimento scolastico, è un problema ma non un dramma. Invece di indicare sul CV l'intera durata del corso di studi, indica semplicemente l'anno in cui li hai terminati. La sostanza è uguale, ma la forma può darti qualche chance in più di far passare la cosa inosservata. Nell'area lavoro è particolarmente negativo invece avere grossi "buchi" in cui sei rimasto disoccupato. La cosa sembra paradossale, ma è così: per un disoccupato trovare lavoro è più difficile che per uno che il lavoro ce l'ha già. Purtroppo i nostri governi non sembrano essersene ancora accorti.

Se quindi sei disoccupato, o lo sei stato per lungo tempo, dovrai riempire questi spazi vuoti indicando attività che dimostrino che non sei stato con le mani in mano: corsi, stage non retribuiti, e via dicendo. Questo è un punto molto importante: lavorare gratis non è bello, ma farlo aiuta senz'altro a trovare un lavoro. Tienilo sempre presente nelle tue scelte.

Se invece sei stato effettivamente con le mani in mano, non ti resta che soprassedere e sperare. Se il tuo CV è nel complesso buono, puoi essere comunque chiamato.

Un altro problema di quest'area, se vogliamo diametralmente opposto, si presenta se hai cambiato molti posti di lavoro in un numero ristretto di anni. Se per esempio hai cambiato 6 lavori in 10 anni il recruiter penserà che sicuramente ti vendi bene (è difficile trovare un lavoro, figuriamoci 6!), ma anche che forse non sei affidabile. O perché poi non sei bravo come sembrerebbe, e quindi vieni mandato via; o perché sei bravo, ma non sai fidelizzarti all'azienda e te ne vai tu. All'intervista quindi insisterà per capire i motivi dei tuoi cambiamenti, e dovrai essere particolarmente convincente nel mostrare la tua forte motivazione a lavorare per lui.

Per quanto riguarda l'ultima area, quella delle lingue, come detto altrove il problema principale può essere che non parli l'inglese. Non si tratta di un problema solo pratico, ma anche ideologico. Se non parli l'inglese è perché non l'hai studiato; se non l'hai studiato il recruiter penserà che sei superficiale e pigro. In particolare adesso che internet ha infinite risorse per impararlo gratis. Se quindi hai un livello di inglese a zero o scolastico, mettiti seriamente a studiarlo in maniera tale da poter scrivere sul CV la frase magica: " sto attualmente seguendo un corso intensivo di studio della lingua inglese, per poter raggiungere in tempi brevi un livello adeguato alle esigenze del mondo del lavoro".

Lo stesso discorso vale se la posizione per la quale ti candidi richiede una conoscenza specifica di un'altra lingua straniera.

"Se non sai l'inglese mettiti seriamente a studiarlo"

In generale, ometti, addolcisci e poni rimedio ai tuoi "peccati originali", ma non mentire. Le bugie verranno infatti prima o poi fuori facendo emergere su di te qualcosa di peggio che un cattivo curriculum scolastico o l'ignoranza di una lingua: la mancanza di integrità, che è un fatto imperdonabile nel mondo del lavoro come nella vita.

Regola numero 8

"Sii proattivo"

L'esempio del film di Muccino introduce non solo il concetto dell'osare, ma anche quello dell'essere proattivo.

Scrivere un CV e inviarlo a X società che offrono lavoro non significa essere proattivi. Significa fare il minimo indispensabile. In particolare se hai un lavoro "dei sogni", non ti devi limitare a rispondere alle offerte, ma devi imparare a proporti. Secondo le statistiche, fino all'80% delle opportunità di lavoro non sono infatti "visibili", in particolare in questi anni di social network e nuove tecnologie. Che cosa significa? Significa che se una volta le società cercavano principalmente attraverso annunci generici su giornali e media in generale, adesso hanno cambiato strategia e preferiscono affidarsi al loro network, cioè alla loro rete di relazioni offline e online. Fra le reti offline ci sono le società di headhunting, i career service delle università, i colleghi, gli amici, i conoscenti; fra quelle online c'è soprattutto linkedin. Devi quindi aumentare la tua visibilità, facendo circolare la voce su "chi sei", "cosa sai fare", "cosa cerchi".

"Scrivere un CV e inviarlo a X società che offrono lavoro non significa essere proattivi. Significa fare il minimo indispensabile"

Ti faccio un esempio pratico:

Mesi fa ho intervistato un ragazzo insieme ad altri 2 di cui avevo selezionato il CV. Mi fece una buona impressione, però alla fine decisi per un altro che mi sembrò più adatto al posto. Gli inviai in automatico la consueta mail che mando in questi casi, e in cui ringraziandolo gli comunicavo che non sarebbe stato assunto.

Mi rispose così:

"Gentile Dottore, La ringrazio per la sua comunicazione, anche se naturalmente sono dispiaciuto che l'esito dell'intervista sia stato negativo. In parte me lo aspettavo: mi ero infatti reso conto di non essere riuscito a trasmetterle il mio entusiasmo, anche per il fatto che, pur interessato alla posizione che offrivate, il mio sogno in realtà è quello di lavorare per una società di consulenza strategica. Le sarei grato se, visti i suoi contatti e la sua conoscenza trasversale del settore, potesse eventualmente segnalare la mia candidatura a società che possano essere interessate ad un profilo come il mio. La ringrazio ancora per la sua disponibilità e gentilezza, che ha dimostrato non solo con la sua risposta, ma anche durante l'intervista nella quale ci siamo conosciuti".

Ora, la risposta, ancorché acerba, è un piccolo capolavoro: mi lusinga (conoscenza trasversale … contatti … disponibilità e gentilezza …); mi mostra che è un buon conoscitore di se stesso (me lo aspettavo ….); attribuisce l'esito negativo non alla sua preparazione (non … trasmetterle il mio entusiasmo); crea un legame (intervista nella quale ci siamo conosciuti …); mi comunica il suo sogno (lavorare per una società di consulenza …); mi chiede aiuto per realizzarlo (segnalare la mia candidatura …).

Quasi mi sono pentito di non averlo assunto, ma certo non l'ho richiamato per farlo: mi ha infatti espressamente comunicato che il suo sogno non è lavorare per noi ma per un'azienda di consulenza. Quello che però ho fatto è stato, come mi ha chiesto, segnalarlo ad alcune società di consulenza che collaborano con la nostra azienda. È gente che conosco e che mi conosce, così è stato naturale tirare su il telefono e dire qualcosa come "ho intervistato un ragazzo parecchio in gamba. Alla fine l'ho scartato perché il suo profilo non era quello che cercavo, ma ha delle potenzialità che da voi potrebbero essere valorizzate, e so che il suo sogno è lavorare con voi".

Devi quindi insomma proporti ogni volta che ne hai l'occasione: parti dalla cerchia famigliare, passa poi agli amici, infine ai conoscenti e a chiunque altro ritieni possa influire positivamente sulla tua candidatura. E attenzione, non sto parlando di cercare raccomandazioni: la raccomandazione presuppone mancanza di merito di chi si fa raccomandare e abuso di potere da parte di chi raccomanda. Parlo semplicemente di far sapere a quante più persone possibili "chi sei", "cosa sai fare", "che cosa cerchi".

Un capitolo a parte merita la questione dei social network, in particolare linkedin. Sta diventando così importante che ormai la metà del lavoro di un recruiter consiste nel navigare su linkedin per farsi un'idea di che cosa c'è in giro. Se non hai un profilo, fattene uno immediatamente; e poi impara a curarlo al meglio. Il suo utilizzo aumenta esponenzialmente ogni mese, e credo che a breve cambierà le regole del gioco del mondo del recruiting. Finora però, pochi CV che visiono hanno il riferimento al profilo linkedin. Inseriscilo, utilizzando anche la funzione "collegamento ipertestuale" di word. In questa maniera il recruiter potrà accedervi direttamente con un clic. Darai al tuo CV un tocco di diversità e innovazione rispetto agli altri candidati.

Regola numero 9

"Formatta e organizza il CV in maniera perfetta"

Nel mondo del lavoro la forma è quasi importante come la sostanza. Quindi il tuo CV deve essere formattato adeguatamente. La prima valutazione da fare è se utilizzare un CV preformattato o se formattarne uno tu stesso.

Il più popolare fra i CV preformattati è il CV Europass, che probabilmente avrai già utilizzato. La mia opinione sull'Europass è che fa schifo.

Per prima cosa le informazioni sono eccessivamente spezzettate in vari captoletti, per cui nel leggerlo si ha una grande impressione di mancanza di fluidità. In secondo luogo, se cerchi di modificarlo per fare un minimo di personalizzazione è facile alterarne il frame con risultati grafici pessimi. Infine, poiché è largamente utilizzato da tutti coloro che non sono in grado di farsi una formattazione da soli, il curriculum Europass ti farà sembrare un pivellino. Ed infatti la percentuale di Europass che ricevo è inversamente proporzionale all'età dei candidati: quasi il 90% dei neolaureati mi invia il CV in formato euro pass, mentre quasi nessun executive con anni di esperienza si sogna di utilizzarlo.

"La mia opinione sull'Europass è che fa schifo"

A questo punto è legittimo che tu ti chieda:

- perché l'Unione Europea si sia data la pena di metterlo a punto
- perché è tanto popolare
- quali siano i suoi vantaggi, se ne ha
-

Riguardo al primo punto, è come chiedersi perché in molti paesi sia obbligatoria l'istruzione fino ai 16 anni. L'Europass è stato creato dall'Unione Europea per permettere a tutti di accedere facilmente ad un livello "base" di CV, che essendo standardizzato elimina tante possibilità di errore anche per chi di CV non ne sa niente. L'Europass insomma è stato concepito come un "minimo indispensabile", non certo come un "gold standard" (ossia come un livello ottimale di CV). Quindi, quando invii un CV formattato secondo il modello Europass devi capire che stai facendo non qualcosa di buono o straordinario, ma appunto il minimo indispensabile. E così infatti verrà giudicato da un recruiter esperto.

La sua popolarità dipende proprio dal fatto che vi si aggrappano tutti coloro che non sanno come fare un CV ben fatto. E poiché quelli che non sanno fare un CV sono moltissimi, moltissimi sono gli Europass che ricevo. Insomma, il CV Europass ti mette dall'inizio nella massa insieme a mille altri.

L'unico vantaggio che ha sta nella sua standardizzazione: il recruiter esperto, proprio perché ne ha visti moltissimi, potrà da subito trovare le informazioni che gli interessano andando nella sezione appropriata. Il recruiter inesperto invece (es. se mandi CV per fare cameriere al bar sotto casa, che riceve magari tre CV all'anno), rimarrà forse impressionato dalla apparente professionalità del formato.

Detto questo, dal mio punto di vista gli svantaggi superano di gran lunga i vantaggi, e quindi ti incoraggio a non utilizzarlo ed a creare un tuo formato personalizzato.

Creare un formato personalizzato è inoltre coerente con tutto quello che abbiamo visto finora: devi comunicare da subito al tuo potenziale datore di lavoro che in qualche maniera sei speciale ed unico (in positivo!) rispetto agli altri candidati. Vediamo quindi insieme le linee guida per fare un CV che sia tuo e solo tuo anche da un punto di vista della formattazione. Purtroppo, poiché col Kindle viene alterato il formato di lettura, non posso fornirti la visualizzazione degli esempi grafici. Tuttavia ti metto alla fine di questo capitolo un piccolo esempio con alcune delle funzioni base che descrivo, e che mi auguro venga correttamente visualizzato sul Kindle.

Formato: utilizza un file word. Utilizza font (sono i caratteri delle lettere) normali, come Calibri o Times New Roman. Niente svolazzi. Dimensione da 11 a 13. Utilizza il neretto per evidenziare i capitoli.

I vari capitoli si susseguono in verticale: questo vuol dire che metterai per ogni capitolo un titolo, e sotto i contenuti. Non avrai cioè, come invece capita nell'Europass, i titoli dei capitoli a sinistra e le descrizioni a destra. Se non hai capito, lo capirai guardando il CV di esempio che metto alla fine del capitolo.

Foto: c'è chi dice si, c'è chi dice no. Io dico si, sempre, ben pettinato/a, giacca e cravatta per gli uomini, tailleur per le donne.

Generali: utilizza un po' di strumenti di word. Incornicia la pagina andando su "layout di pagina" e poi "bordi pagina"; dividi i capitoli fra di loro invece, andando su "home" e da lì sulla funzione "bordi testo". Non usare elementi particolari di design, a meno che non ti candidi per una posizione in cui possano essere un plus (es. società che fa grafica). Se c'è qualcosa che veramente vuoi mettere in evidenza, puoi pensare di inserire un riquadro e scrivercela dentro. Nella descrizione delle competenze acquisite, utilizza elenchi puntati, triangolini, quadratini, etc.

Intestazione: non contiene la dicitura "curriculum vitae", ma solo i tuoi dati personali, che devono includere obbligatoriamente 5 informazioni: nome e cognome, indirizzo, numero di telefono, indirizzo email, account linkedin. Se non hai l'account linkedin fanne immediatamente uno.

Puoi aggiungere anche il tuo profilo su altri social network se è rilevante ai fini del lavoro; stesso discorso se tieni un blog o hai un tuo sito internet. Ripeto: se sono rilevanti ai fini del lavoro.

L'indirizzo email deve essere professionale: evita cose tipo <u>MAX75@....</u>, o peggio <u>MAXERMEGLIO@...</u> . Fatti una mail che sia semplicemente <u>nome.cognome.work@gmail.com</u> . Work non vuol dire scrivere il lavoro che fai; vuol dire proprio scrivere "work".

Non mettere le 5 informazioni su 5 righe diverse, ma accorpale orizzontalmente separandole con barre verticali. Esempio:

Massimo Corsini | Corso Sixxxx 21, Torino | Tel XX Y

<u>massimo.corsini.work@gmail.com</u>

Linkedin Profile XXXX

Utilizza la funzione "collegamento ipertestuale" per il tuo profilo Linkedin o per qualunque altra cosa all'interno di internet che tu voglia mostrare a chi legge (es. un sito web da te realizzato, la tua pagina su instagram, etc); cliccandoci sopra il lettore potrà accedervi direttamente.

Dopo i dati personali, inserisci una breve presentazione di te stesso; come abbiamo visto, non deve essere una collezione di luoghi comuni e frasi fatte, ma deve avere un minimo di specificità, riassumendo in 4 righe le tue caratteristiche essenziali. Ne vedrai un esempio nel CV in fondo al capitolo.

Esperienza professionale: parti dalle ultime, che sono le più significative per chi legge. Sii più conciso man mano che le esperienze professionali si fanno più remote. Se hai lavorato per aziende conosciute, considera di mettere vicino al nome dell'azienda anche il logo, che puoi attaccare come immagine. Catturerà l'attenzione di chi legge.

Formazione scolastica: anche qui parti dalle ultime. Evita di indicare i voti se non sono eccezionali.

Altre competenze: evita di scrivere che sai usare word o navigare in internet, o che hai la patente europea del computer. Di questi tempi è come scrivere che hai fatto la quinta elementare, cioè è scontato. O domini l'intero pacchetto office (e allora puoi scriverlo), o mettiti immediatamente a studiarlo per poter scrivere la frase: conoscenza approfondita di tutti gli applicativi di Office. Per le lingue è accettabile solo scrivere "fluente" o "intermedio". Se hai un livello basico aggiungi che la stai attivamente studiando, come visto in un altro capitolo.

Altri interessi: non scrivere "viaggiare, leggere, andare al cinema". Seleziona uno – due interessi e parlane solo se riesci a metterli in relazione forte con la posizione per la quale ti candidi.

Ecco di seguito un esempio di CV. Purtroppo le possibilità di formattazione con Kindle sono limitate, comunque ce n'è abbastanza per darti un'idea di quello che abbiamo visto sopra. Se vuoi esempi un po' più articolati, scrivimi al mio indirizzo mail XXXXXX. Fallo con tranquillità, non ti invierò né virus, né spam, né offerte per aspira polveri.

Massimo Corsini | Corso XXXX 21, Torino | Tel XX Y

massimo.corsini.work@gmail.com

Linkedin Massimo Corsini

Laureato in Economia all'Università Luigi Bocconi di Milano. Ho maturato in pochi anni esperienze significative, soprattutto all'estero, nel marketing di prodotti per la cura della casa e di prodotti food&beverage, lavorando per noti brand internazionali. La mia voglia di crescere ancora e l'esperienza già maturata in America Latina mi rendono il candidato ideale per la stimolante posizione da voi aperta a Città del Messico.

(LOGO) | Assistant Sales Manager | Coca Cola Company | Città del Guatemala | 2011-2013

- Ho gestito un portafoglio di 20 minimarket distribuiti nell'area nord della città, incrementando le vendite del 25%
- Ho implementato un sistema di raccolta degli ordini da clienti che ha permesso di diminuire del 50% i ritardi di approvvigionamento
- Ho preparato e somministrato a cadenza trimestrale un questionario di customer satisfaction che ci ha permesso di individuare

alcuni key advantages rispetto ai nostri principali concorrenti.

- Ho mantenuto il reporting con la casa madre relativamente sia al mio portafoglio clienti, sia a quello ben più ampio del mio responsabile di area.
- Ho negoziato un nuovo contratto quadro con la società incaricata del trasporto dei nostri prodotti. Il nuovo contratto ha portato sia ad una diminuzione dei costi che ad un marcato aumento dell'efficienza del nostro sistema di delivery, utilizzando camion più grandi ma per un numero minore di viaggi.

Venditore | Spazzoloni e Detersivi Spa | Milano | 2008 - 2011

Venditore su appuntamento di prodotti per l'igiene della casa. Una grande esperienza formativa! Non solo mi ha permesso di mantenermi negli ultimi anni dell'università, ma mi ha anche insegnato a confrontarmi direttamente con il pubblico e ad uscire dalla mia "zona di confort".

Attraverso telemarketing e passaparola sono arrivato a vendere più di 70k euro/anno di prodotti, vincendo in tre occasioni la classifica di venditore del mese.

Laurea in Economia | Università Luigi Bocconi, Milano | Anno 2011

Frequentare una delle più prestigiose e difficili università italiane come studente lavoratore è stato impegnativo e gratificante. Delle tante esperienze fatte e persone conosciute voglio citare il Prof. XXYZ, con il quale ho sviluppato la mia tesi dal titolo: "Esperienze di multichannel marketing nei prodotti di consumo"; l'attività di ricerca per la tesi mi ha permesso di aggiungere al bagaglio culturale degli strumenti di marketing più consolidati anche la conoscenza di applicazioni internet innovative ed estremamente promettenti.

Altre competenze

Conoscenza completa e approfondita del pacchetto office.

Inglese e Spagnolo fluenti.

Interessi

Pratico da anni lo Yoga, poiché credo nell'equilibrio e nella ricerca di un benessere psico-fisico completo. Appassionato di viaggi, ho girato un po' tutto il mondo, anche grazie and un anno sabbatico che mi sono preso fra liceo e università.Ho trovato la mia dimensione più vera, e anche mia moglie, in America Latina.

Commentiamo il CV.

I dati personali sono organizzati su tre righe: c'è tutto, senza prendere spazio inutile.

La breve introduzione ci dice che Massimo si è laureato in una università prestigiosa, ha un 'esperienza non lunga ma significativa (... brand internazionali ...); un'area di interesse e capacità specifica sia da un punto di vista funzionale (marketing) che da un punto di vista geografico (America Latina). Bene.

Massimo non ha inserito i titoli dei capitoli (esperienze professionali, formazione); scelta secondo me corretta, in quanto il CV è abbastanza breve, e quindi non c'è bisogno di organizzarlo per capitoli. Nel caso di CV più lunghi varrà invece la pena farlo.

La sua ultima esperienza professionale è trattata in modo più ampio di quella precedente; utilizza power verbs; è specifico sia rispetto alle azioni fatte, sia rispetto ai risultati ottenuti

La sua prima esperienza lavorativa è trattata meno ampiamente. Corretto. Fornisce da subito dati importanti, quali l'indipendenza e l'iniziativa; giustifica una carriera scolastica probabilmente non brillante. Dimostra capacità di raggiungere obiettivi, offrendone anche la misurazione.

Il capitolo sulla formazione universitaria rafforza i concetti già visti nei punti precedenti (Università prestigiosa, studente lavoratore, competenze specifiche nell'area marketing). Poi, parlando di strategie di marketing innovative, crea nel recruiter curiosità, e probabilmente la voglia di approfondire in un'intervista faccia a faccia.

Le altre competenze acquisite sono liquidate in maniera veloce, ma anche efficace: la conoscenza di office è "approfondita", le lingue straniere sono parlate in maniera "fluente", quindi non c'è molto altro da dire. Massimo continua a dare l'idea di essere molto essenziale e concreto.

Il capitolo "altri interessi" mi sembra in questo contesto molto ben riuscito: Massimo, che fino ad ora è apparso sicuramente molto solido e preparato, ma forse un pelo troppo essenziale e concreto, aggiunge un paio di tocchi personali ma non casuali: lo Yoga ci fa capire che è una persona con grande equilibrio (indispensabile per le posizioni estero); l'anno sabbatico giustifica ulteriormente la carriera scolastica non brillante, e ci dà l'idea di una persona anche capace di fare scelte fuori dal comune; l'internazionalità è evidente in parte grazie all'anno sabbatico, in parte grazie all'accenno sulla moglie. Accennare alla moglie nel CV è in generale qualcosa di troppo personale, e normalmente da evitare. Tuttavia la cosa è in questo caso talmente ben correlata alla posizione offerta che vale la pena menzionarla.

In sintesi il recruiter cosa penserà di Massimo dopo aver letto il suo CV?

"Ecco un ragazzo con la preparazione giusta, non molto esperto ma sicuramente solido e allo stesso tempo di grande iniziativa; innamorato non solo del lavoro che dovrà fare, ma anche del posto dove dovrà farlo".

Ora che hai imparato qualche regola di formattazione, è opportuno precisare una cosa: alcune società possono richiedere che il CV sia inviato con una formattazione specifica, o addirittura ti forniscono il frame su cui caricare i dati. Questo succede in particolare per società molto grandi che utilizzano per la lettura dei CV software di analisi delle parole chiave (ebbene si, in alcune società il CV lo legge il computer ...). In questo caso tralascia quello che ti ho detto, e invialo esattamente come ti viene chiesto.

Prima di terminare il capitolo, vediamo alcune ultime considerazioni su come inviare il tuo CV.

Le possibilità principali sono due: a mano, o tramite email.

In entrambi i casi devi cercare di darlo direttamente alla persona che lo leggerà. Presentarsi negli uffici di un'azienda e consegnarlo alla reception non aumenta le tue possibilità che venga letto, ma quelle che venga perso. Se lo consegni a mano quindi, fallo nelle mani di chi lo leggerà. Questo normalmente può capitare solo per le aziende di più piccole dimensioni, i negozi, le piccole attività commerciali e di ristorazione. In tutti questi casi può valere la pena metterti una giacca e una cravatta e presentarti direttamente per consegnare il tuo CV al titolare. Da una parte può essere un vantaggio, in quanto il contatto personale è meglio di un foglio di carta, e potresti fare da subito una buona impressione per il tuo spirito di iniziativa. Dall'altra uno svantaggio, perché il suddetto titolare potrebbe essere indispettito dalla tua invadenza. Scegli il momento giusto utilizzando il buon senso. Se per esempio vuoi candidarti come aiuto cuoco non arrivare al ristorante col tuo CV il sabato sera mentre il titolare è impegnato a gestire la sala stracolma e la cucina in fibrillazione. Vai invece alle 5 del pomeriggio, quando la serranda è semi-abbassata per ricevere i fornitori, e il titolare siede vicino al telefono per raccogliere le eventuali prenotazioni. Così come non devi andare in un negozio alle 3 del pomeriggio di un sabato di saldi; trova un momento in cui il negozio è vuoto e non ci sono clienti in vista; avrai la tua occasione per dare il CV e magari spezzare la noia del titolare facendo due chiacchiere.

Nella maggior parte dei casi comunque, invierai il tuo CV via email. Mi sento di darti solo un paio di raccomandazioni, oltre a quella di inviarlo direttamente a chi fa la selezione. La prima è di inserire nel testo della email un breve saluto e ringraziamento:

"Gentile Dott.sa YYY,

trasmetto in allegato il mio CV.

La ringrazio per l'attenzione e le porgo i miei più cordiali saluti.

Massimo XXX"

Si tratta di un mero fatto di educazione.

La seconda è quella di nominare il file allegato come "CV-NomeCognome" (es. CV-MassimoXXX), e ripeterne la dicitura nell'oggetto della mail. Questo renderà più facile l' archiviazione e la ricerca del documento in questione. Anche i migliori rectuiter sbagliano, e ce n'è anche moltissimi pessimi; personalmente mi è capitato di non riuscire a rintracciare un CV interessante perché la mancanza dell'oggetto mi ha fatto sbagliare l'archiviazione. O di riuscire finalmente a trovarlo e pensare un po' indispettito "ma sta ragazza non poteva dare un nome a sto file!?!?!?".

Regola numero 10

"Se aggiungi una cover letter, curala nei dettagli"

La cover letter, o lettera di presentazione, accompagna e completa il CV.

È uno strumento di derivazione anglosassone, affermatosi nel nostro paese solo in tempi relativamente recenti. Come per le locuzioni ad effetto viste precedentemente (capacità di leadership, orientato ai risultati, e via dicendo), quando la cover letter non la usava nessuno i pochi CV che la allegavano erano da subito più interessanti. Ora invece che la usano tutti è diventata francamente un po' noiosa, poiché ha l'aria trita e ritrita. Ti consiglio di scriverla solo se veramente riesci a scriverne una di grande impatto, se no probabilmente è solo una perdita di tempo.

Se non sei particolarmente qualificato per il lavoro offerto, la cover letter può fare parte della strategia globale "osa in maniera proporzionale alle difficoltà", e puoi cercare di giocarti il tutto per tutto con una cover letter veramente contundente. Non è facile, ma è possibile.

Vediamo dunque come deve essere una buona cover letter.

Essa deve essere, più ancora del CV, focalizzata in maniera specifica all'azienda e alla posizione per le quali ti stai candidando. Se volessimo usare la metafora amorosa usata in un altro capitolo, potremmo dire che:

- il CV è quando ti presenti a una donna/uomo, cercando di mostrare le tue migliori qualità per piacergli e ottenere un appuntamento
- la cover letter è una dichiarazione d'amore ad effetto con cui cerchi di far scattare il colpo di fulmine

Ora, in una dichiarazione d'amore non si parla tanto di se stessi, quanto dell'altra persona; e così è nella cover letter.

Ma entriamo più nello specifico.

Se possibile, essa va indirizzata direttamente a chi leggerà il Curriculum Vitae e farà la selezione. Molto meglio quindi scrivere "Egregio Dottor XXX" che

"Egregio Responsabile delle Risorse Umane". Se non conosci il nome del responsabile risorse umane, prova a trovarlo attraverso il sito aziendale o linkedin; non avere remore a chiamare la segreteria dell'azienda in questione, e dire candidamente "Vorrei inviare un documento al vostro responsabile HR; può cortesemente indicarmi il suo indirizzo email? No? Allora sarebbe così gentile da dirmi almeno il nome? Vede, mandare una lettera non intestata mi sembra maleducazione ...". La maggior parte delle segreterie ritengo che te lo dirà.

Inizia la cover letter con una frase standard, tipo

"Egregio Dott. XXX,

la ringrazio per l'attenzione che vorrà dedicare al mio CV, che Le trasmetto in allegato"

Poi comincia a parlare, ma non di te (la informazioni sono già nel CV), dell'azienda! Per farlo in maniera appropriata devi aver fatto i compiti: hai analizzato il sito aziendale per capire bene mission, vision, strategie di espansione; hai cercato di capire come e perché si differenzia rispetto ai concorrenti; hai individuato quali sono le parole chiave delle sua cultura aziendale. Ricorda che il tuo CV e la cover letter vengono letti da qualcuno che probabilmente ha già diversi anni di anzianità in quell'azienda: è quindi probabile che ne conosca e condivida la cultura, le strategie, i pregi e i difetti. Se sei in grado di trasmettere anche solo un po' che sei "in linea" con le caratteristiche specifiche di quell'azienda, chi legge la cover letter risuonerà di empatia nei tuoi confronti. Ma facciamo insieme un'esercitazione.

Mettiamo tu sia un neolaureato in economia che deve mandare un CV a Barilla, la nota marca di pasta italiana. Vediamo cosa dice la società di se stessa sul sito barillagroup, dal quale ho selezionato alcune frasi. Non sono un esperto di marketing, ma mi sembra di avere individuato alcuni concetti chiave:

Mission: We help **People** live better by bringing wellbeing and the joy of eating into their everyday lives.

Aspiration: *Double* the business .... Reducing our footprint on the **Planet**

Where to Play: To be the *leading* and most reputable Company in the global Italian meal experience .... *Sharply grow* volumes .... *Lead* in our current market ... *Aggressively expand* in the emerging markets ...

How to win: be the number 1 choiche …. Proudly be the **Barilla People.**

"Scrivi la cover letter come una dichiarazione d'amore"

Cominciamo la nostra analisi, e notiamo un po' di cose: nella prima riga, People è maiuscolo. Barilla cerca di trasmettere l'idea di essere la pasta della gente, la pasta per antonomasia. E infatti alcune righe dopo ripete il concetto quando dice di voler essere the "leading and most reputable …", e poi lo ripete ancora all'ultimo quando dice di voler essere la "number 1 choice". Una comunicazione di questo tipo non è affatto scontata: altri brand preferiscono sottolineare la "diversità" e "unicità" della loro pasta. Altri ancora la qualità, sottolineando di voler fare la pasta "migliore". Altri la creatività.

La comunicazione Barilla invece dice: voglio essere la pasta più venduta nel mondo, la pasta di tutti, la pasta della Gente!

Notiamo poi la diffusa presenza di power verbs e power words: bringing, double, leading, most, sharply grow, di nuovo lead, aggresively expand, be.

Questo rafforza il concetto precedente: la società è forte, anzi la più forte nel mondo della pasta, e vuole continuare ad esserlo. A questo punto probabilmente varrà la pena che tu riveda il tuo CV per renderlo se possibile ancora più "power".

Notiamo la dimensione extra-italiana della società: Barilla si sente responsabile per "the Planet", e la sua strategia è "global"

Infine, notiamo come Barilla non rinunci a concetti chiave della sua storia, e che ti sono familiari se conosci le sue pubblicità: la semplicità, estrinsecata di nuovo tramite la parola People (è la pasta della gente, non di una elite) e la locuzione "into everyday lives" (è la pasta di tutti i giorni, quella che valorizza i piccoli momenti quotidiani); e l'italianità, espressamente citando l'aggettivo "Italian" vicino a global.

A questi dati aggiungerei, visto che l'azienda è stranota, quello che è stato il "leit motiv" delle sue campagne pubblicitarie: "Dove c'è Barilla c'è casa". Bisognerà secondo me inserire nella cover letter qualche cosa che dia questo tono "famigliare" e "casalingo" all'esperienza di mangiare pasta Barilla.

Vediamo dunque come tutti questi concetti possono emergere dalla tua cover letter e qualificarti dall'inizio come un Barilla People:

"Egregio Dott. XXX,

la ringrazio per l'attenzione che vorrà dedicare al mio CV, che Le trasmetto in allegato.

In un contesto globale sempre più competitivo Barilla è stata capace di imporre la sua leadership attraverso una strategia di crescita aggressiva e allo stesso tempo rispettosa dell'ambiente e delle persone. Per questo è la pasta numero uno al mondo. Ed è anche la pasta che mi dava mia madre quando ero bambino, e quella che mi da mia moglie oggi. Ho immenso rispetto per il brand Barilla, uno dei pochi che mi fa sempre sentire fiero di essere italiano, e che mi fa sorridere di felicità quando lo trovo negli scaffali di un supermercato dall'altra parte del mondo. Sono un laureato in economia capace di grande impegno e versatilità, come potrà vedere nel mio CV allegato. Essere assunto nella Vostra Società sarebbe per me non solo un'occasione enorme di crescita personale e professionale, ma anche un modo per far lavorare il mio talento per un Brand che mi affascina, e in cui credo da sempre. La mia conoscenza delle lingue e le mie esperienze all'estero mi qualificano in particolare per le posizioni aperte dalla Società nei mercati emergenti dell'America Latina. Confido nell'avere l'occasione di incontrarla per un'intervista.

La ringrazio ancora per l'attenzione.

Cordiali Saluti"

In 213 parole la cover letter che hai letto tocca un po' tutti i punti che abbiamo visto analizzando quello che comunica Barilla relativamente a se stessa. E lo fa con la stessa intensità "power" dell'azienda. La protagonista poi, è da subito l'azienda, non il candidato. Quello che il candidato può offrire compare solo in un secondo momento. Leggendo la lettera è probabile che il recruiter senta da subito l'empatia del messaggio rispetto ai core value della sua azienda; questo catturerà quasi sicuramente il suo interesse, e il CV allegato verrà valutato con grande attenzione.

Per aziende non così conosciute come Barilla può essere più difficile reperire le informazioni per fare una cover letter focalizzata. Tu però fai lo stesso i compiti, perché in aziende più piccole l'aderenza ai core value è ancora più importante, in quanto spesso la cover letter viene letta direttamente dal fondatore o dalla alta direzione; quindi cogliere lo spirito aziendale può rivelarsi ancora più determinante.

Un'ultima considerazione sulla lunghezza: fra 200 e 350 parole. Di più significherebbe ripetere cose che già sono nel CV, e non è questo lo scopo. Di meno è francamente un po' poco.

Naturalmente, come detto all'inizio di questo capitolo, puoi anche valutare di non scriverla.

Regola numero 11

"Sii onesto. Innanzitutto con te stesso."

Integrità ed onestà sono valori che non passano mai di moda, neanche nel mondo del lavoro odierno. Posso capire che tu sia scettico sull'argomento, in particolare in questi anni di crisi in cui se ne sono viste di tutti i colori. E posso anche capire che essere senza lavoro sia un'esperienza stressante e difficile, soprattutto per chi ha delle responsabilità economiche a cui far fronte.

Tuttavia è importante che tu preservi i tuoi core value, perché saranno essi a fare il tuo successo nel lungo termine. Questo manuale serve a raccontare al meglio te stesso e le tue qualità; non a mentire e manipolare. La differenza è sottile ma netta.

Fai un assesment onesto delle tue capacità, e raccontale onestamente nel tuo CV. Se scrivi di capacità e qualità che non hai, prima o poi questo emergerà a tuo danno. Molto meglio promettere solo quello che pensi di essere in grado di fare, piuttosto che farti rinfacciare in futuro la cosa.

Alla cerimonia degli Oscar vengono assegnati molti premi: oltre al protagonista ci sono gli attori di supporto, i costumisti, gli sceneggiatori, i compositori delle musiche ... alla fine c'è spazio per chiunque sia in grado di fare al meglio il suo lavoro.

E così è nelle aziende: tutti si definiscono nei loro CV pieni di leadership, ambizione, capacità. Ma un recruiter cerca anche i gregari, se sanno fare bene il loro lavoro.

Per questo, anche quando il tuo CV non è eccellente, avrai sempre la possibilità di giocarti le tue carte: fallo con professionalità e onestà, e verrai apprezzato indipendentemente dalle tue esperienze o dai tuoi risultati scolastici.

Mi è capitato di intervistare persone che si vendevano come dei "fenomeni", e in molti casi ci sono anche cascato. Sono poi bastati pochi mesi in azienda per capire l'errore fatto.

E mi è anche capitato di intervistare persone normali, che ho assunto (perdonami la metafora ciclistica) per "portare le borracce dell'acqua", e che poi si sono rivelate collaboratori preziosi e stimati.

Mandare un CV, che tu ottenga o meno l'intervista, non è un punto d'arrivo, né lo scopo del tuo lavoro. È solo l'inizio di una possibile relazione, e le relazioni soddisfacenti normalmente non iniziano con delle bugie.

Conclusione

Ho voluto essere il più asciutto ed essenziale possibile: lo scopo di questo manuale era insegnarti velocemente a compilare un CV di alto livello, e sono sicuro che adesso ne sarai in grado.

Quando scriverai i tuoi CV ti verranno sicuramente dei dubbi: devo utilizzare questo o quel verbo? Come posso sintetizzare l'esperienza tal dei tali? Dovrò menzionare il fatto X o quello Y?

Dai spazio ai tuoi dubbi e cerca la perfezione, un CV è troppo importante per essere trascurato.

Ma ricorda anche che *alla fine il CV perfetto non esiste*, così come non sono perfetti, MAI, né i candidati né i recruiter. Quindi procedi senza esitazioni eccessive.

Non ti scoraggiare mai. Nessun rifiuto deve scoraggiarti.

Ricordati che il lavoro è una parte importante della nostra vita; ci passiamo troppo tempo per averne uno che non ci piace. La ricerca di un lavoro dignitoso, ben pagato, entusiasmante, non deve finire mai.

In bocca al lupo.

*Nota dell'autore: per ovvi motivi di privacy ho scritto questo libro sotto uno pseudonimo, così come ho dovuto modificare i (pochi) nomi e indirizzi citati e alcuni dati relativi agli esempi, avendo comunque cura di non alterarne il senso generale. Per dubbi, critiche o varie puoi scrivermi all'indirizzo email alessandro.mancini.books@gmail.com

Così come sarò molto contento se mi farai sapere che questo libro ti è servito per migliorare il tuo CV e trovare un lavoro.

Grazie

A.M.

www.ingramcontent.com/pod-product-compliance
Lightning Source LLC
Chambersburg PA
CBHW070328190526
45169CB00005B/1800